Bunter
Kinder-Kosmos

Bunter Kinder-Kosmos

Tiere in Feld und Hof

Kosmos · Gesellschaft der Naturfreunde
Franckh'sche Verlagshandlung · Stuttgart

Herausgeber und künstlerische Leitung: Rinaldo D. d'Ami
Aus dem Italienischen übersetzt von Gianni Bertagnoli
Titel der Originalausgabe „Guarda e scopri gli animali del campo e della fattoria", erschienen bei Casa Editrice AMZ, Mailand

Mit 260 farbigen Illustrationen von Sergio Borella, Genny Buccheri, Dino Busetto, Giovanni Caselli, Natale Fedeli, Giuseppe Festino, Ezio Giglioli, Heros Kara, Bruno Pennisi, M. Fausta Vaglieri, Guido Zucca.

Umschlaggestaltung von Edgar Dambacher unter Verwendung einer Zeichnung von Rinaldo D. d'Ami

Der Bunte Bilder-Kosmos
und
der Bunte Kinder-Kosmos
zwei Buchreihen, die Interessantes und Wissenswertes aus Natur und Technik zeigen. Weitere Bände sind auf der Rückseite dieses Buches abgebildet.

11. Auflage, 156. – 165. Tausend
Franckh'sche Verlagshandlung W. Keller & Co., Stuttgart/1979

Printed in Italy / Imprimé en Italie L 9 Dm H Ste / ISBN 3-440-03450-X
Gesamtherstellung: Stab. Grafico Marietti, Torino

Sicher seid ihr schon oft durch Wälder, über Wiesen und Felder spaziert und habt unterwegs viele Tiere gesehen. Doch leider nur viel zu kurz, denn sobald sich ihnen ein menschliches Wesen nähert, sind unsere Freunde verschwunden. In diesem Buch erfahrt ihr jedoch, wie gut ein Hase schwimmen kann, wie die Honigbiene beim Sammeln die Blüten unserer Obstbäume bestäubt, daß Fledermäuse fliegende Säugetiere sind, daß sich ein Igel bei Gefahr zusammenrollt und noch vieles mehr.
Dieses mit farbigen Bildern versehene Buch ist so anschaulich und eindrucksvoll geschrieben, daß ihr es bestimmt jedesmal wieder gern zur Hand nehmt.

Der Igel

Wie ein kleiner Panzer kommt der Igel auf kurzen Beinchen aus seinem Schlupfwinkel unter einer Baumwurzel, einem Stein- oder Reisighaufen hervor. Der Abend dämmert, unser Freund ist eben aus langem Tagesschlummer erwacht. Sein Kleid besteht aus vielen Tausenden von Stacheln. Sie beginnen an der Stirn und schützen Rücken und Flanken. Nur am Bauch hat er weiche Haare. Nun beginnt Freund Igel seinen nächtlichen Streifzug. Mit seinem spitzen, immer feuchten Schnäuzchen stöbert er überall herum: zwischen Hecken, Wurzeln, Büschen, denn der Stachelritter hat Hunger. Nach Käfern sucht er, nach Regenwürmern, Schnecken und jungen Mäusen. Und tötet er eine giftige Kreuzotter, so wird auch sie ganz aufgefressen. Stachlig wie sein Gewand ist auch sein Wesen. Er brummt, schnaubt und faucht, wenn ein Stein oder ein Ast ihm den Weg versperrt. Der Igel ist nur 30 Zentimeter groß, aber ein kräftiges Kerlchen – er boxt beiseite, was ihn hindert. Sowie die geringste Gefahr droht, rollt er sich zu einer Kugel zusammen, und die vielen, vielen Stacheln starren nach allen Seiten. Wer da hineinbisse!

Weißt du,

daß der Igel auch die Eier von kleinen, am Boden brütenden Vögeln nicht verschmäht, wie Lerchen, Wachteln, Rebhühner? Daß er aus ziemlich großer Entfernung seinen Unterschlupf wieder findet? Daß die Igelmutter ihre Kinder am Geruch erkennt?

Nahrung:

Schnecken

Insekten

Feldmäuse

Frösche

Mutter Igel marschiert mit ihrer sechsköpfigen Kinderschar dahin – eine niedliche Karawane auf dem Weg nach Hause – die Bäuchlein sind voll. Ein Schläfchen wird allen guttun.

Manchmal bespuckt sich der Igel mit schaumigem Speichel – warum, weiß niemand – und müht sich gewaltig ab, das Zeug überall auf seinem Körper zu verteilen.

Greift ihn eine Giftschlange an, so rollt sich der Igel blitzschnell zusammen, und die Schlange trifft überall auf spitze Stacheln, immer wieder, bis der Igel ihr das Rückgrat zerbeißen kann.

Wenn's sein muß, kann der Igel auch schwimmen. Daß er aber absichtlich Fallobst aufspießt und nach Hause trägt, hat man früher geglaubt, es stimmt aber nicht.

Unser kleiner Freund kann auch klettern, wenn jenseits des Maschendrahts ein guter Bissen oder die Freiheit winkt. Auf Bäume geht er aber nicht.

Den Winter verbringt der Igel in tiefer Starre. Von Ende Oktober bis März/April verschwindet er in sein warmes Winterquartier, fällt in Winterstarre und zehrt von seinem angemästeten Fett.

Die Feldheuschrecke

Gesehen hast du sie sicher schon – auf sommerlichen Wiesen und in Gärten, wo viele vorkommen. Vielleicht hast du versucht, so eine Hüpferin zu fangen. Natürlich vergeblich. Sobald du mit der Hand zu nahe kommst, ist sie – hops! – mit einem mächtigen Satz irgendwo im Gras verschwunden. Und weil ihre bräunlichgrüne Farbe so gut mit grünem Gras und brauner Erde übereinstimmt, kannst du sie nicht mehr sehen. Diese Tarnfarbe und die Kraft ihrer langen Hinterbeine – richtigen Sprungbeinen – sind ihre Verteidigungswaffen. Nur frühmorgens, wenn das Tierchen von der Nachtkühle noch steif ist, könntest du es erwischen. Sobald die warme Sonne die Starre löst, beginnt die Heuschrecke zwischen dem Gras herumzuhüpfen, und ihre kräftigen Mundwerkzeuge kauen das Frühstück, das aus Gräsern und Blättern besteht. Unsere Heuschrecke ist harmlos und ungefähr 3 cm groß. Ganz und gar nicht harmlos sind die in den Ebenen Afrikas und Asiens vorkommenden Wanderheuschrecken, die sich zu Millionen und aber Millionen zusammenfinden und in riesengroßen Schwärmen, die die Sonne verdunkeln, über alles Grün herfallen und das Land bis zum letzten Halm kahl fressen.

Weißt du,

daß die Gehörorgane der Feldheuschrecke nicht wie unsere Ohren am Kopf, sondern zwischen Brust und Hinterleib sitzen? Daß ihre Augen aus vielen, vielen kleinen Augen zusammengesetzt sind?

Nahrung:

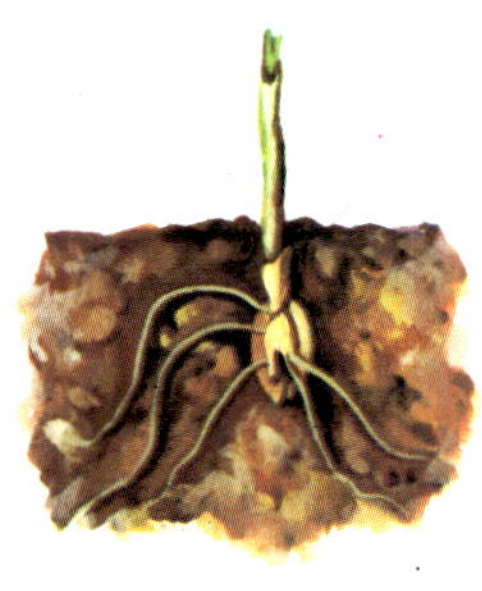

Gräser

Getreide

Im Spätsommer und Herbst gräbt die Heuschrecke ein Loch in die Erde und legt die länglichen Eier hinein. Sie umgibt sie mit einer Absonderung, die an der Luft erhärtet und die Eier umhüllt.

Bei uns schlüpfen die Larven im nächsten Frühsommer aus. Es sind noch flügellose kleine Heuschrecken, die sich fünf bis sechs Mal häuten müssen, bis sie richtige, erwachsene Hüpfer sind.

Bald nach Sonnenaufgang wird die Heuschrecke munter, läßt die Fühler spielen und sieht sich mit ihren großen Augen um, ob irgendwo Gefahr droht. Und dann geht's ans Futtern von Halm zu Halm und möglichst in der Sonne.

Eine Riesenwolke Wanderheuschrecken fliegt auf der Suche nach etwas Grünem über Wüstenland. Millionen und aber Millionen. Das summt und schwirrt und raschelt, und wo die Unzählbaren einfallen, ist die Ernte im Nu aufgefressen.

Das Männchen geigt mit den Innenseiten der Hinterschenkel über die Vorderflügel sein feines, zirpendes Liedchen. Im Kreis siehst du viele aneinandergereihte Zähnchen – sie bilden den Geigenbogen.

Hätte der Mensch die gleiche Sprungkraft wie die kleine Heuschrecke, dann müßte er höher als 20 m und weiter als 50 m springen können.

Die Elster

»Diebische Elster« nennen die Menschen einen, der Mein und Dein nicht unterscheiden kann. Wie kam dieser hübsche schwarzweiße Vogel mit dem blaugrünen Glanz auf dem Gefieder zu diesem schlechten Ruf? Weil er Glänzendes nicht liegen lassen kann! Zack! hat er es im Schnabel, fliegt damit davon und versteckt es. Die Elster ist ungefähr 45 Zentimeter groß, sehr lebhaft, klug, laut, geschwätzig, neugierig und – necklustig. Mit einem Wort – ein fideler Vogel, der sich leicht zähmen läßt. Von jung an aufgezogen, erkennt er seinen Besitzer und mag ihn auf seine Art. Unsere schmucke Elster kann sogar ein bißchen sprechen lernen, fast wie ein Papagei. Aber das »Stehlen«, das läßt sie nicht. Wer eine Haus-Elster hält, tut gut daran, alles Glitzernde oder Glänzende aus dem Weg zu räumen. Etwas kannst du aber doch tun: Richte sie ab, Münzen, möglichst neue, in das Sparschwein zu stecken, wundere dich aber nicht, wenn du später auch einige Metallknöpfe, ein Paar Manschettenknöpfe oder einen Ring, den Mutter schon vermißt hat, findest.

Weißt du,
daß die Elster eine Fluggeschwindigkeit von 32 bis 48 Kilometer in der Stunde erreichen kann? Daß das Männchen dem Weibchen den Hof macht, indem es ihm Nahrung anbietet, und das Weibchen, wenn es das Geschenk annimmt, wie ein hilfloses Vogelkind piepst?

Nahrung:

Obst

Eidechsen

Vogelbrut

Das haubenförmig überdachte Nest der Elster auf dem hohen Baum ist eine richtige Festung. Und wie eine Festung wird sie auch verteidigt, sogar gegen größere Raubvögel. Sie baut es auch in Hecken und Dorngebüsch.

Auf Wiesen und mit Hecken und Bäumen bestandenem Land geht sie auf die Suche nach Insekten, Gewürm, Schnecken, Beeren, Körner, Mäusen, und im Frühjahr nimmt sie leider auch Eier und Brut kleiner Vögel.

Da hat sie einen Ring – fliegt damit fort und versteckt ihn irgendwo: in einem Baumloch, wie auf dem Bild, unter Steinen oder hinter Hausmöbeln, und nur der Zufall bringt das Gemauste an den Tag!

Neugierig steckt sie ihren Schnabel in jedes Loch. Draußen forscht sie unter Baumstämmen und -höhlungen, im Hause unter den Möbeln, wühlt im Mülleimer und kann sogar Schachteln und Büchsen öffnen.

Wenn der Jäger am Waldrand auftaucht, ist es fast immer die Elster, die Alarm schlägt. Sobald dieser mit scharfen Sinnen ausgestattete Vogel die Gefahr entdeckt, streicht er nahe über dem Boden dahin, lärmt, krächzt und schlägt mit den Flügeln. »Gefahr, Gefahr! Feind in Sicht! Deckung nehmen!« Die Elster ist die Feldwache der Tiere.

Die Feldlerche

Überall, wo Ackerbau getrieben wird, ist auch die Feldlerche zu finden, ihr fröhliches, klares, fast ununterbrochenes Tirili-tirili zu hören! Manchmal ist sie zwischen Gras und reifem Getreide auch zu sehen, das braune, geduckt laufende Federbündelchen. Auf einmal fliegt es singend empor, hoch in die Lüfte – ein Pünktchen im blauen Sommerhimmel. Die Lerche ist nicht viel größer als ein Spatz (18 cm) und wie er immer in Bewegung, um Nahrung zu suchen für sich oder für die Kleinen, die im Nest irgendwo im Gras versteckt sind. Sie haben ständig Hunger, und wieviele Insekten, Samen und andere Pflanzenteile sind nötig, um sich selbst und die Kinder satt zu machen! Im Schnabel bringt sie den Kleinen all die guten Dinge und paßt scharf auf, damit niemand ihr folgen und das Nest finden kann. Fühlt sich die Mutter beim Zurückfliegen beobachtet, so bleibt sie viele Meter hinter dem Nest dicht über dem Boden mit schnellen Flügelschlägen in der Luft stehen – sie rüttelt. Der Vater verhält sich in solchem Fall anders: Er fliegt mit dem Futter im Schnabel singend empor! Natürlich klingt dann sein Lied ein wenig gequetscht. Geht aber alles gut, so läuft sie schnell und vorsichtig zum Nest und stopft die weit aufgesperrten hungrigen Schnäbel. Das müssen Vater und Mutter oft machen.

Weißt du,

daß die Lerchen höchst gewandte und flinke Flieger sind? Daß sie singend emporfliegen und auch im Rütteln nicht verstummen?

Nahrung:

Insekten und Larven

Samen

Bei Sonnenaufgang schwingt sie sich laut tirilierend hinauf in den blauen Sommerhimmel, höher und höher, ein immer kleiner werdendes Pünktchen. Viele Dichter haben die Lerche besungen!

Sie ist nicht nur ein guter Flieger, sie ist auch ein flinker Läufer, denn ihre Nahrung muß sie ja auf dem Erdboden suchen; sie besteht aus allerlei Käfern, aus Ameisen, Spinnen und Pflanzenteilchen.

Solche Flugkünstler sind die Lerchen! Leider verlockt sie alles Glitzernde zum Niedergehen. Zu ihrem Glück, wenn es Wasser ist, mit dem sie den Durst löschen – zu ihrem Unglück, wenn sie auf eine spiegelnde Glasscheibe prallen und sich zu Tode stoßen.

Ihr Nest aus Grashalmen und feinen Würzelchen baut die Lerche in eine Mulde, die sie auf dem Erdboden oft selbst ausscharrt. Gar manche Lerchenbrut kommt durch landwirtschaftliche Maschinen zu Schaden.

Die deutschen Lerchen ziehen im September und Oktober südwestwärts ins Winterquartier nach Frankreich und Spanien, die italienischen wandern nach Ägypten oder noch weiter. Nur wenige ziehen nicht fort und bleiben im Lande.

Der Feldhase

Meister Lampe wirst du nicht oft zu sehen bekommen und wenn doch, dann nur kurz. Er ist ein vorsichtiges, wachsames Kerlchen und muß es sein, da er sich doch nicht wehren kann, außerdem stellen ihm die Jäger nach. Ihn im Schlaf zu überraschen ist fast unmöglich, denn er hört ausgezeichnet mit seinen langen Ohren. Und was tut er bei Gefahr? Zweierlei kann er tun: Ohren zurücklegen und reglos sitzen bleiben. Wenn's ganz gefährlich wird, schnellt er mit einem gewaltigen Satz aus seinem Lager und rennt davon. Geradeaus, im Zickzacklauf und hakenschlagend, versucht er zu entkommen. Und oft gelingt ihm das auch, denn er ist ein schneller, ausdauernder Läufer. Wer da meint, der Hase sei feige, irrt sich. Er ist nur vorsichtig. Die Hasenmutter ist sogar sehr mutig und verteidigt ihre Jungen. So ist das mit Meister Lampe! Fühlt er sich besonders wohl und gut aufgelegt, dann spielt er mit sich selber, hopst vergnügt in die Luft und kugelt im Gras herum. Er ist ohne Schwanz 65 cm groß.

Weißt du,
daß er während seiner raschen Flucht bis über vier Meter weite Sätze machen kann? Daß er oben hinter den Schneidezähnen noch 2 Zähne hat? Daß er sich von saftigen Pflanzen, Eicheln, Bucheckern nährt und im Winter auch von Baumrinde und Knospen?

Nahrung:

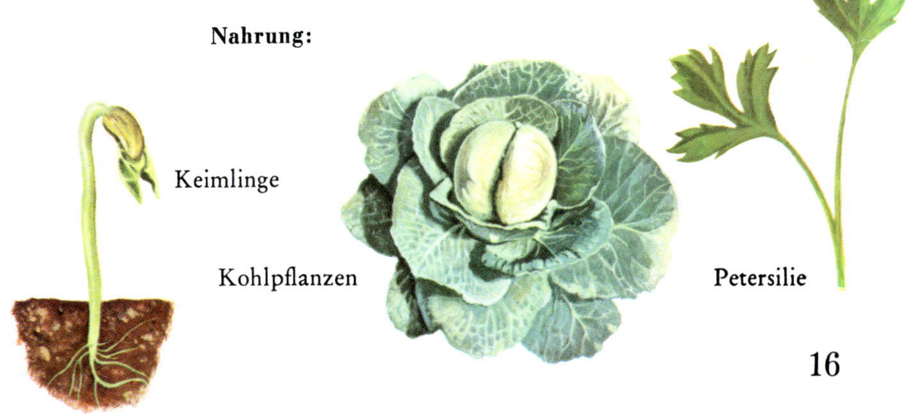

Meister Lampe riecht, hört und sieht ausgezeichnet. Da seine Augen seitlich am Kopf sitzen, kann er nicht nur nach vorne und nach den Seiten, sondern auch nach hinten sehen – alles gleichzeitig.

Ja, wer bist denn du? Junghase und Kröte können sich schon einmal begegnen. Das Häschen sieht ziemlich erstaunt drein.

Ein Wiesel – nichts wie fort und mit einem Satz hinüber über die Mauer, auch wenn sie 1 Meter hoch oder noch höher ist!

Hasen sind gute Schwimmer, weder scheuen sie das Wasser noch fürchten sie es. Regen macht ihnen auch nicht viel aus.

Wer bekommt die Hasenfrau? Sie muß erkämpft werden! Und das wird sie – da wird geohrfeigt, gekratzt und gebissen, daß die Fetzen fliegen. Sie sitzt im Hintergrund und guckt der Prügelei zu.

Der Hase hat nicht nur ein, sondern mehrere Lager oder Sassen, die er je nach der Wetterlage aufsucht. Diese Hasenmutter hat für ihre Kinderstube ein gutes Plätzchen in einem Erdhügel ausgesucht.

Die Honigbiene

»Ssss ...« Hast du es gehört, dieses Summen zwischen Wiesenblumen oder im Garten? Das sind Bienen, die fleißigen Sammlerinnen, denen wir den Honig verdanken. Sie fliegen zur Blütezeit aus und holen aus den Blumen den gelben Blütenstaub und den Nektar, die süße Flüssigkeit, die von den Blüten abgesondert wird. Die Art, wie das Bienenvolk zusammenlebt und arbeitet, ist eines der vielen Wunder der Natur: Die Jungbienen müssen die Maden füttern, die Baubienen machen aus Wachs die sechseckigen Zellen, aus denen die Waben bestehen, die Wehrbienen bewachen den Stock, die Fächlerinnen sorgen mit ihren Flügelschlägen für frische Luft, und die Flugbienen müssen hinaus und sammeln. Die Königin legt Eier und läßt sich füttern. Dann gibt es noch die Drohnen, die Männchen. Ohne sie müßte das Volk aussterben. Noch etwas Wunderbares: Bienen haben eine »Sprache«, eine Zeichensprache: Sie tänzeln, und jede Bewegung bedeutet etwas anderes. Sie kriechen in die Blumen hinein, so daß der Blütenstaub an den vielen feinen Körperhärchen hängenbleibt. Mit den Hinterbeinen bürsten sie den Staub in ihre »Höschen«. Und den Nektar löffeln sie mit ihrer langen Zunge ein. Im Bienenstock entleeren sie ihre Last aus Blütenstaub und Nektar in sechseckige, aus Wachs angefertigte Zellen, wo sie von anderen Bienen weiter verarbeitet wird.

Weißt du,
daß die Bienen (und andere Insekten) beim Sammeln die Blüten unserer Obstbäume bestäuben? Daß wir ohne sie bei weitem nicht so viel Äpfel, Birnen und anderes Obst bekämen? Daß in einem Bienenstock 50000 und mehr Bienen leben? Daß die Arbeitsbiene einen Stachel besitzt, der ausreißt, wenn sie einen Menschen oder ein warmblütiges Tier gestochen hat, und daß sie dann sterben muß?

Vom Ei zur Biene: Aus unbefruchteten Eiern werden Drohnen, aus befruchteten Arbeiterinnen oder bei besonderer Fütterung in sehr großen Zellen Königinnen.

Von einer Flugbiene haben die anderen Bienen durch den Schwänzeltanz erfahren, daß etwas zu holen ist. Sie haben von ihr die Lage der Nahrungsquelle erfahren, sind hingeflogen und beginnen zu sammeln.

Eine Sammlerin kommt heim, bleibt sitzen und würgt das Mitgebrachte aus. Einige herbeigeeilte Kameradinnen nehmen es auf und füttern damit Hungrige oder verstauen den Honig in die Waben. So wird der ganze Bienenstock ununterbrochen versorgt.

Im Bienenstock kann nur *eine* Königin die Mutter des Volkes sein. Ist eine zweite ausgeschüpft, so verläßt die alte Königin mit etwa der Hälfte des Volkes den Bau; der Schwarm bildet einen neuen Staat. Die Königin wird schon von klein auf besonders gut gepflegt und gefüttert. Stets sind ein paar Bienen um sie herum und sorgen für alles.

Auch im Bienenstock muß gute Luft und gleichmäßige Wärme sein, damit die Eier und der Honig nicht verderben. Die Fächlerinnen vor dem Flugloch und in den Gängen sorgen mit schnellen Flügelschlägen für beides und für richtige Luftfeuchtigkeit.

Jeder Eindringling, der, vom Honigduft angelockt, in einen Bienenstock gerät, wird von den Wächterbienen sofort angegriffen und getötet, auch wenn er größer ist als sie. Kann der Getötete nicht ins Freie geschafft werden, so wird er mit Wachs luftdicht überzogen.

Die Biene sieht die Farben Gelb, Blau, Blaugrün, Weiß und Schwarz, alle anderen sind für sie grau. Sie sieht aber das Ultraviolett, das für uns unsichtbar ist. Die Bienen werden auch von den Farben künstlicher Blumen angelockt, ja sogar von Blumentapeten, merken aber sofort, daß da nichts zu holen ist.

Die Zwergmaus

Du wirst sie schwerlich zu sehen bekommen, diesen Däumling unter unseren Nagetieren. Sie ist ein niedliches, nur 5–7 Zentimeter großes Geschöpf in einem hübschen bräunlichen Fell, am Bauch ist es gelbgrau. Schön sind die großen dunklen Augen und die vielen weißen Schnurrhaare am Schnäuzchen. Im Nu klettert sie einen Getreidehalm hinauf zur Ähre, legt, damit sie nicht hinunterpurzeln kann, den Schwanz um einen Stengel und läßt es sich schmecken. Der 5 Zentimeter lange Greifschwanz ist wie eine »fünfte Hand«, mit der sie sich während ihrer luftigen Spaziergänge auf hohen Halmen nicht nur sichert, der Schwanz dient auch als Balancierstange, um nicht das Gleichgewicht zu verlieren. Der kleine Nager ernährt sich von Samenrispen, Ähren, aber auch von Insekten, Schmetterlingen und Larven. Durst wird mit dem Wasser gelöscht, das sich auf den Blättern sammelt, oder mit Tautropfen.

Weißt du,

daß die Zwergmaus zwei bis drei Jahre alt wird? Daß sie nur 5–10 Gramm wiegt, bei der Geburt kaum 1 Gramm? Daß sie wärmeliebend ist und gern Sonnenbäder nimmt? Daß sie im Winter oft warme Scheunen und Ställe aufsucht?

Die Zwergmaus baut ihr Nest in 30 bis 80 Zentimeter Höhe. Kugelig oder eiförmig und aus Blättern und langem Gras hübsch geflochten, gleicht es fast einem Vogelnest, und an der Seite hat es einen Eingang. Manchmal ist es auch in einer Baumhöhlung angelegt.

Wenn die Not sie treibt, kann die Zwergmaus auch schwimmen, wozu sie zum Beispiel in den italienischen Reisfeldern oft gezwungen ist. Aber sie wird rasch müde.

Wenn der kalte Winter hereinbricht, hat sich die Zwergmaus schon längst an einen geschützten Ort zurückgezogen, wo sie weniger lebhaft als sonst lebt und auch weniger ins Freie geht, um etwas Nahrung zu suchen.

Wie eine Bande fröhlicher Kobolde erklettert eine Zwergmaus-Familie die reifen Ähren, um sich den Magen mit Körnern zu füllen und sich die Sonne auf den Pelz scheinen zu lassen, denn Wärme mögen sie. Doch während die Tierchen dort oben herumturnen, hören sie nicht einen Augenblick auf, mit ihren lebhaften Äuglein rundherum zu blicken und die Ohren zu spitzen, denn sie haben viele Feinde: den Mäusebussard, das Wiesel, den Fuchs, die Krähe, die Eule und noch einige dazu. Tiere, die in der Freiheit leben, leben gefährlich.

Die Ringelnatter

Da kriecht sie aus ihrem Schlupfwinkel am steinigen Hang in die wärmende Sonne. Die Ringelnatter, häufigste europäische Schlange, ist weder giftig noch bissig. Ihre Kennzeichen sind die gelben oder auch weißen Flecken an beiden Seiten des Halses. Ihr schlanker grauer Leib ist schwarz gesprenkelt. Man kann sie leicht erkennen, auch wenn sie manchmal braungrau, grünlichgrau oder noch heller ist. Sie lebt in Moorgegenden, auf sumpfigen Wiesen, am Waldrand, auf Kornfeldern und in alten Gemäuern. Aber Wasser muß in der Nähe sein, denn sie schwimmt und taucht gern. Ihre Schlupfwinkel hat sie in Höhlungen zwischen Baumwurzeln oder an Ufern. Triffst du sie auf offenem Feld, so hab' keine Angst. Sie zischt zwar, läßt die lange, gespaltene Zunge spielen, beißt aber nur selten. Sie wird auf dem Weg zum Wasser sein, um dort Nahrung zu suchen. Sie ist durch Gesetz geschützt, und weil sie so harmlos ist, kann man sie sogar als „Hausschlange" halten. Am Anfang wird sie Nahrung und Wasser ablehnen, das gibt sich aber. Willst du sie in die Hand nehmen, so gib acht, daß sie dich nicht mit ihrem übelriechenden Darminhalt anspritzt. Sobald sie dich kennt, wird sie sich streicheln lassen.

Weißt du,
daß das Weibchen bis zu 1,50 Meter lang werden kann, das Männchen aber kleiner und schlanker ist? Daß sie ihre Eier in feuchter Erde, unter Laub oder Steinen verbirgt? Daß sie Geräusche durch Erschütterungen wahrnimmt? Daß sie sich von Giftschlangen durch den allmählich dünner werdenden Schwanz unterscheidet, während er sich bei den giftigen sehr rasch verdünnt?

Nahrung:

Lurche

Kleine Fische

Kaulquappen

Wie schon gesagt ist sie eine gute Schwimmerin, die sich durch schlängelnde Seitenbewegungen gewandt durch das Wasser bewegt. Sie taucht auch gut und fängt kleine Fische, Frösche und Kaulquappen. Damit schwimmt sie dann meistens in flacheres Wasser oder kriecht an Land, um die Beute lebend zu verschlingen – ihre Zähne dienen nicht zum Kauen, sondern zum Festhalten des Opfers.

Die Welt, in der die Ringelnatter lebt: Felder, Rieselfelder, Wasserläufe. Sie kriecht mit angehobenem Kopf dahin und läßt die schwarze Zunge spielen, die ihr beim Riechen hilft, sie »züngelt«.

Sie fährt aus der Haut! Unsere Ringelnatter tut das mehrere Male im Jahr. Damit das Abstreifen leichter geht, wird ein geeigneter Storren als Hilfsmittel benützt.

Ihre kleinen Eier legt sie Juli/August unter Steine, Laub oder in feuchte Erde, und zwar 10 – 25. Sie sind von einer derben Haut umgeben. Nach 8 – 10 Wochen schlüpfen 15 – 18 Zentimeter große Schlänglein aus.

Bei Winterbeginn vergräbt sich die Ringelnatter in die Erde, in einen Kompost- oder Misthaufen, versteckt sich allein oder mit anderen Ringelnattern und bleibt in Winterstarre bis zum Frühling.

Die Zwergfledermaus

Wer da sagt, unsere Fledermäuse seien häßlich, der hat noch nie eine genau angesehen. Und gar die Zwergfledermaus, die mit Schwanz nur 7–8 Zentimeter groß ist! Eines stimmt: Es sind seltsame Tiere, diese fliegenden »Mäuse«, die statt mit Vogelschwingen mit einer Flughaut fliegen, in der Abenddämmerung und nachts. Sie fangen Insekten im Flug! Fledermäuse sind die einzigen *richtig* fliegenden Säugetiere. Andere, wie die Flughörnchen (sie ähneln unseren Eichhörnchen), haben eine behaarte Hautfalte, mit der sie im Gleitflug von Baum zu Baum segeln. Unsere Fledermäuse fliegen jeden Abend aus ihren Schlupfwinkeln auf Insektenjagd – schnell, bald höher, bald tiefer, nach rechts, nach links und fast lautlos. Die Jagd führt um Kirchtürme, hohe Bäume und Straßenlaternen, deren Licht Motten und Nachtfalter anzieht. Während des Fliegens stoßen sie immer Laute aus, so hohe Laute, daß wir Menschen sie nicht mehr hören können. Treffen die Schallwellen auf einen Nachtfalter – oder ein Hindernis –, dann kommt der Widerhall ans Fledermausohr zurück, und das Tierchen weiß, wo es etwas für den Magen zu fangen gibt oder einem Hindernis auszuweichen ist.

Weißt du,
daß das nur bohnengroße Gehirn der Fledermaus so gut arbeitet, daß die USA-Marine es genau erforschen will? Daß sie ein Insektenjäger ist, trotz ihres erschreckenden Gebisses? Daß die Flughaut täglich eingefettet wird, damit sie geschmeidig bleibt? Daß das Salböl aus Drüsen zwischen Augen und Nase entnommen wird? Daß die Fledermaus ein geschütztes Tier ist?

Nahrung:

Mücken

Fliegen

Nachtfalter

Solange das Junge klein ist, wird es von der Mutter auf den Jagdflug mitgeschleppt. Es liegt in der unten eingeschlagenen Schwanz-Flughaut wie in einer Tasche. Unsere Zwergfledermaus fliegt gleich nach Sonnenuntergang aus und jagt die ganze Nacht. Ihre kleinen Augen sehen nicht viel. Um ihre Beute zu finden, macht sie es so: Sie stößt ganz hohe Laute aus, Laute, die der Mensch nicht mehr hören kann. Treffen diese Töne auf ein Hindernis, so kommt ein Echo zurück, das die Fledermaus hört. Sie weiß dann genau, wo die Beute ist.

Es kam schon vor, daß ein Überschallflugzeug gegen ein bewegliches Hindernis, etwa eine Seilbahn, stieß und verunglückte. Einer Fledermaus könnte so etwas nie widerfahren: Sie wird auch in einem stockdunklen Zimmer, durch das kreuz und quer Fäden gespannt sind, vollkommen sicher ihren Weg finden, weil sie am Echo ihrer Peillaute die Gefahr erkennt.

Warum schlafen Fledermäuse mit dem Kopf nach unten? Sie können nicht anders, weil ihre Vorderfüße mit der Flughaut verwachsen sind. Sie hängt sich mit den scharfen Krallen der Hinterfüße an, schlägt die Flügel wie einen Mantel um sich und verschläft so den Tag und den kalten Winter.

Der Schwanzteil der Flughaut dient nicht nur als Kinderwiege, manchmal wird sie auch zum Fangnetz, nämlich dann, wenn die Beute ein besonders großer Brocken ist, der sich anders nicht bewältigen läßt.

Kommt eine Vertreterin einer anderen Art in das Revier einer Zwergfledermaus, so wird sie vom rechtmäßigen Besitzer bedroht und verjagt.

Sobald im Norden die kalte Jahreszeit naht und die Insekten spärlich werden, machen bestimmte Fledermausarten lange Wanderungen; die meisten Arten jedoch halten bei uns Winterschlaf.

Der Mäusebussard

Wir stehen am Waldrand, vor uns Felder und Wiesen. »Hiäh!« klingt es von hoch oben an unser Ohr. Dort, dort kreist der Mäusebussard. Wie der große Adler gehört er zu den Greifvögeln, die ihre langen, scharfen Krallen in die Beute schlagen und sie an einen ungestörten Ort tragen, um sie zu verzehren, oder zum Horst, wo hungrige Junge warten.

Er ist einer unserer häufigsten Greifvögel, fliegt sehr gut und sieht ausgezeichnet. Seinem scharfen Auge entgeht so leicht keine Maus oder sonst ein Beutetier. Dann kommt er mit angelegten Schwingen im Sturzflug herab und »schlägt« die Beute. Manchmal streicht er auch nur wenig über dem Boden dahin, sieht etwas, zieht hoch, legt die Schwingen an, stößt herab, und um die Maus ist es geschehen. Der Mäusebussard fliegt gern, aber nicht immer. Er kann sich's, wenn er Lust hat, auch bequemer machen. Dann setzt er sich einfach auf einen Baum, einen hohen Stein oder sonst etwas Erhöhtem und wartet, bis etwas Eßbares ahnungslos vorbeikommt. Er wird nicht müde, an seinem aus Ästen und Prügeln gebauten Horst herumzubasteln und ihn zur Brutzeit mit frischen Zweigen zu bestecken.

Weißt du,

daß der Mäusebussard die nach oben steigenden warmen Luftströme, die Aufwinde, ausnützt und sich in die Höhe tragen läßt? Daß sein gerundeter Schwanz beim Kreisen gefächert wird und als Balancierstange und Steuerruder dient? Daß er täglich sein Gefieder pflegt und putzt? Daß er manchmal ein verlassenes Krähennest bezieht?

Nahrung:

Mäuse

Vogelbrut

Reglos und wachsam, damit ihm ja nichts entgeht, sitzt der 50 bis 55 Zentimeter große braune Bussard stundenlang auf einem erhöhten Punkt – beobachtend, lauernd. Rechts oben kreist ein anderer Bussard.

Dicht über dem Erdboden dahinstreichend, hat er einen Feldhasen entdeckt, hat sich aufgeschwungen, war herabgestoßen und wird den Getroffenen gleich durch die Lüfte tragen und an einem sicheren Ort verzehren.

Wo der Mensch den Bussard in Ruhe läßt, siedelt er sich gern in dessen Nähe an. Das Weibchen legt zwei bis vier Eier. Beim Ausschlüpfen sind die kleinen Bussarde mit weißlichem Flaum bedeckt.

Da gibt es eine Auseinandersetzung! Wer will wem die Beute, eine Ringelnatter, abjagen? Die Saatkrähe pflegt Greifvögeln aus dem Weg zu gehen und wird das Nachsehen haben.

Die Natur hat die Greifvögel, also auch den Bussard, mit ungeheuer scharfen Augen ausgestattet, mit Augen, denen nichts entgeht. Der Sichtwinkel ist fast vollkommen. Der Bussard sieht mit Vorliebe nach unten, auf den Boden, wo sich seine Beutetiere aufhalten.

Außerhalb der Balzzeit fliegen Bussarde gern in kleinen Gruppen und ziehen als Strich- und Zugvögel im Land umher. Diejenigen, die den Winter über nicht bei uns bleiben wollen, machen sich Anfang Oktober auf den Weg und ziehen in südlicher oder südwestlicher Richtung ab.

Die Feldgrille

Ein Frühsommertag, die Sonne lacht, und von überallher schallt es an unser Ohr: Zirp, zirp, zirp! — ununterbrochen. Es sind die Grillen, die ausdauerndsten Musikanten unter den Insekten. Ihr Gezirpe erschallt auch nachts. Es klingt eintönig, und doch hören wir es gerne. Die fleißigen Geiger sind Männchen, die zur Paarung rufen: Ich bin da, wo bist du? Da sitzt eine Grille vor ihrem Loch. Sie ist glänzend schwarz und ziemlich gedrungen. Sie hat einen richtigen Dickkopf mit langen Fühlern und mit kräftigen Mundwerkzeugen. Über dem Rücken liegen zwei bräunliche Flügeldecken, und hinten sehen wir zwei lange Spieße und den langen Legestachel; es ist also ein Weibchen. An den Hinterbeinen, deren Innenseiten rot sind, sitzen kleine Stacheln. Grillen wohnen in Röhren, die sie sich selber graben. Und jede hat ein Eigenheim! Am Grund der Röhre liegt das Schlafgemach und beim Weibchen auch die Kinderstube. Auf dem freien Platz vor dem Eingang macht das Männchen Konzert, indem es mit seiner rechten Flügeldecke über die linke streicht.

Weißt du,

daß nur die Männchen der Grillen zirpen können? Daß sie selber nicht nur gut hört, sondern auch sofort spürt, wenn Tritte den Erdboden erschüttern und blitzschnell in ihrem Loch verschwindet? Daß sie ebenso rasch verschwindet, sobald ein Schatten auf sie fällt? Daß sie wärmeliebend ist? Daß sie eine Gesamtlänge von von 2—3 cm erreicht?

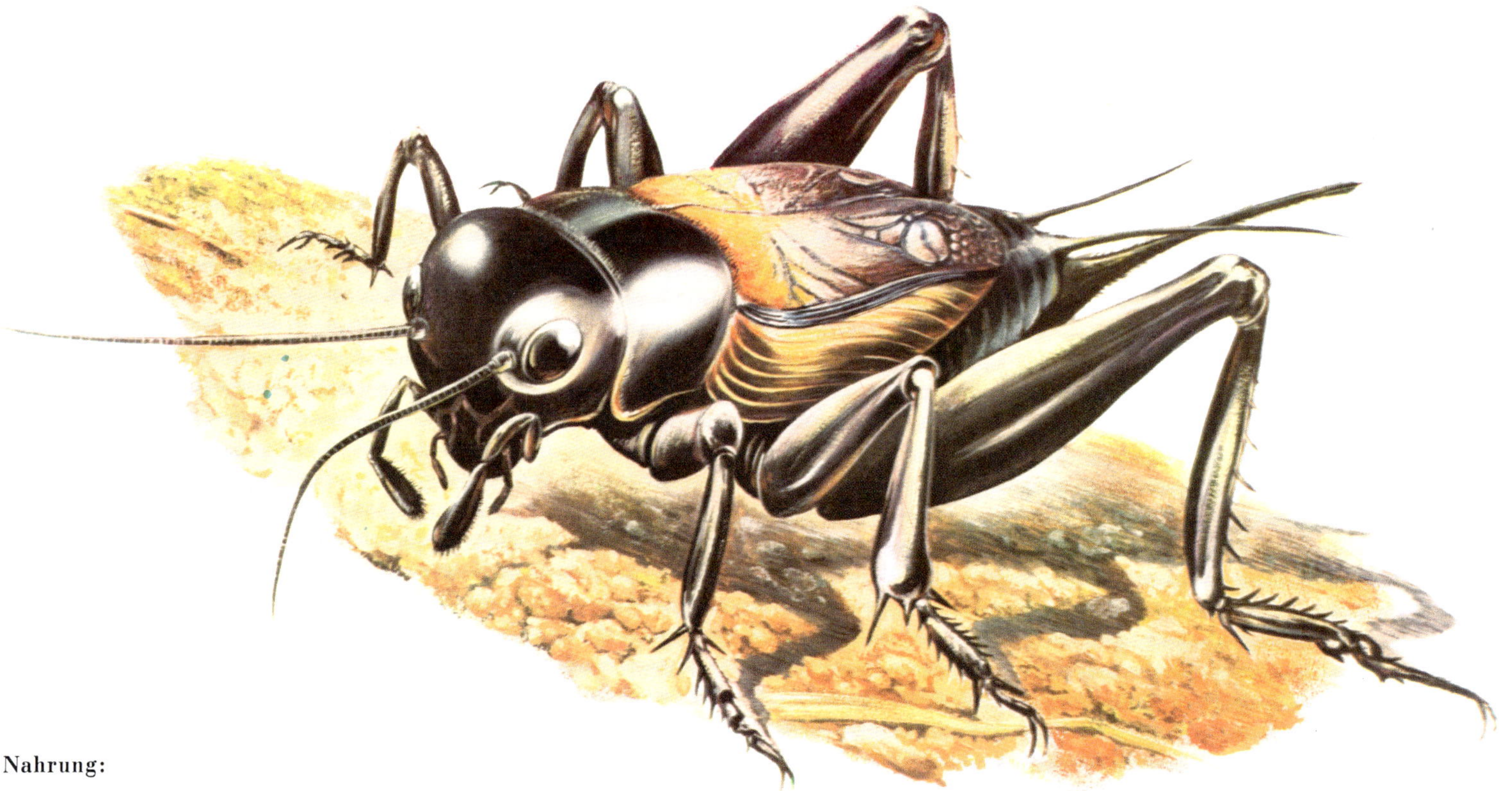

Nahrung:

Blätter

Samen

Wurzeln

Regenwürmer

Hier sitzt ein Grillenweibchen (man sieht es an dem langen Legestachel) in der Sonne. Feldgrillen lieben die Wärme wie ihre Verwandten, die Hausgrillen, die besonders gerne in den Backstuben wohnen.

Im Mai und Juni gibt das Grillenmännchen Platzkonzerte nur wenige Zentimeter von seiner Haustür entfernt. Es sucht eine Grillenfrau. Bald folgt ein Weibchen dem Lockruf, und dann wird Hochzeit gemacht.

Manchmal kommen sich zwei Grillenmännchen in die Quere, denn das andere sucht ja auch eine Frau. Und dann kommt es zum Kampf, der fast immer tödlich endet. Der Besiegte wird kurzerhand aufgefressen.

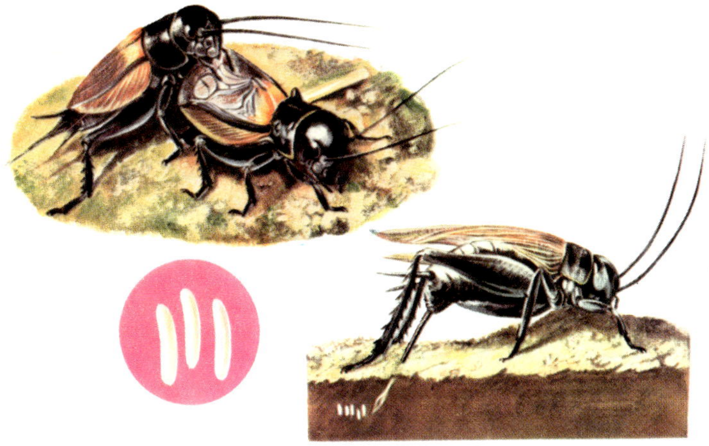

Seine ungefähr 300 kleinen, bananenförmigen Eier legt das Weibchen ganz hinten auf den Grund seiner Wohnröhre, und zwar in Häufchen zu je etwa 30 Stück und kümmert sich nicht im geringsten darum.

Nach 14 Tagen schlüpfen kleine Grillen aus, sie sind kaum flohgroß und sehen fast schon wie ihre Eltern aus. Und wenn sie sich etliche Male gehäutet haben, geigen sie bald selber oder legen Eier. Grillen-»Ohren« liegen an den Vorderbeinen, dort wo der rote Pfeil hinzeigt.

Diese Spitzmaus hat auf einen knusprigen Braten gehofft. Aber nun kann sie ihm nachsehen. Die Grille hat es rechtzeitig gemerkt und bringt sich durch blitzschnelles Verschwinden in Sicherheit. Grillen können übrigens nur sehr kleine Hüpfer machen; dafür laufen sie aber ziemlich schnell.

Das Glühwürmchen

An warmen Juniabenden sehen wir im Park, im Garten, über Wiesen viele leuchtende Pünktchen auf- und niederschweben in luftigem Tanz – kleine Laternchen, die ein gelblichgrünes Licht ausstrahlen. Es leuchtet auf und erlischt, leuchtet auf und erlischt ... Nehmen wir an, wir hätten ein Glühwürmchen gefangen und würden es genau betrachten, auch sein Laternchen, vorausgesetzt, es ließe es leuchten. Drehen wir den kleinen Leuchtkäfer auf den Rücken. Da, unten an seinem Unterleib, in den letzten drei Ringen, ist das Lämpchen. Was da als »kaltes«, nicht wärmendes Licht leuchtet, ist schwer zu erklären. Es sind besondere Körperzellen, die selbst Leuchtstoffe bilden. Warum „knipst" das Glühwürmchen seine Laterne an und aus? Es will ein Weibchen anlocken. Lassen wir unser Glühwürmchen frei! Sieh da, es fliegt hinaus in die warme Sommernacht und läßt sein Licht blinken. Nur das Männchen kann fliegen, das Weibchen bleibt auf einem Blatt oder einem Zweig sitzen und wartet auf ein Männchen.

Weißt du,
daß das Weibchen fast doppelt so lang ist wie das Männchen (1,7 cm)? Daß nur das Männchen fliegt?

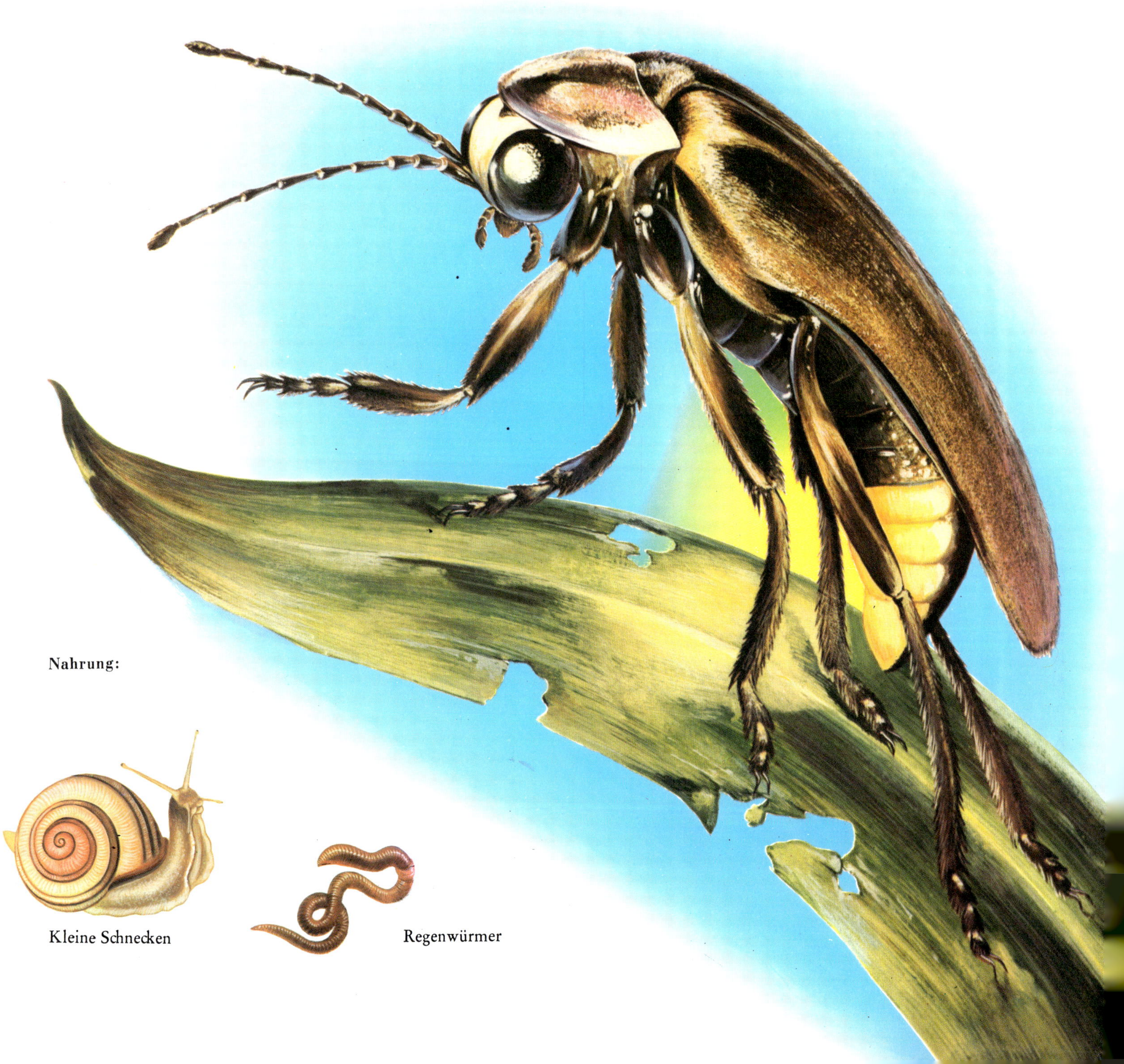

Nahrung:

Kleine Schnecken

Regenwürmer

Es ist Nacht. Ein Männchen schwebt auf und nieder und läßt sein Licht leuchten. Das Weibchen auf dem Blatt antwortet mit Lichtzeichen. Auf einmal blinken sie beide in gleichem Takt – ein gutes Zeichen. Das Männchen weiß, daß dort jemand auf ihn wartet.

Nach der Paarung sucht das Weibchen eine etwas feuchte, geschützte Stelle auf. Dort legt es ungefähr hundert winzige, ebenfalls leuchtende Eier ab. Ohne daß es sich zu kümmern braucht, schlüpfen nach einiger Zeit ungemein gefräßige Larven aus.

Die Larven sind abgeplattet und richtige Räuber. Sie machen sich über kleine Schnecken her, dringen in deren Gehäuse, beißen kräftig in die Schnecke, lähmen sie und lassen einen Saft ausfließen, der das Fleisch an der Bißstelle flüssig macht, und dann saugen sie es ein.

Aber auch die auf den Blättern herumwandernden Larven werden manchmal Opfer ihrer Feinde. Es sind winzige Pilze, sie dringen in die Larven ein und gedeihen dort aufs beste – auf Kosten ihrer unfreiwilligen Wirte, die rettungslos verloren sind und sterben müssen.

Ob das stimmt? Manche Leute erzählen, ein Frosch, der Glühwürmchen gefangen und verschluckt habe, leuchte um den Bauch herum wie eine kleine Lampe. Glühwürmchen sind für Frösche Leckerbissen, das ist richtig, aber einen »leuchtenden« Frosch haben wir noch nie gesehen.

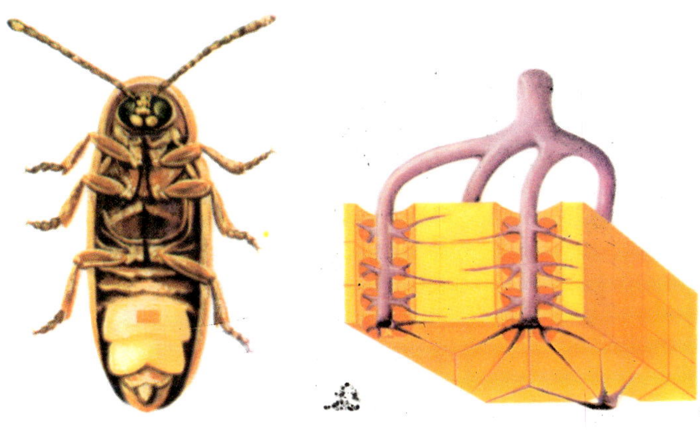

Das kleine Rechteck am Bauch ist die Lichtzentrale. Die Zeichnung rechts erklärt, wie das Leuchten zustande kommt: Die Röhren sind Atmungsorgane. Durch sie kommt Sauerstoff zu den Leuchtzellen. Dort kommt es zu einem chemischen Vorgang, und die Laterne leuchtet auf.

Die Waldmaus

Sie ist ein hübsches, braungraues Kerlchen, ein wenig rotbraun überflogen und eine Verwandte der Hausmaus. Für ihr Leben in Feld, Garten und am Waldrand ist sie mit allerlei Gaben ausgestattet: Sie läuft nicht, sie springt, klettert geschickt, ist ein tüchtiger Tiefbauer, lebt gern in Gesellschaft anderer Waldmäuse und hüpft mit ihnen über unsere Felder. Ihre stramm aufgerichteten Ohren hören jedes Geräusch, beim geringsten Rascheln eilt sie in raschem Sprunglauf davon. Wie alle Mäuse geht sie erst in der Abenddämmerung auf Nahrungssuche. Manchmal kann man sie auch am Tag sehen, aber selten, denn es könnte sie das Leben kosten. Greifvögel und andere Geschöpfe würden ihr den Garaus machen.

Weißt du,
daß die Waldmaus zwei- bis dreimal im Jahr Junge bekommt und jedesmal 3–8? Daß zu viele Waldmäuse große Ernteschäden anrichten? Daß dann Raubvögel, Fuchs, Katze und Wiesel unsere besten Helfer sind? Daß Waldmäuse 30 bis 80 Zentimeter weite Sprünge machen können? Daß sie mit dem Schwanz ungefähr 17 cm lang wird?

Nahrung:

Was eine Waldmaus in ihre Vorratskammer trägt: Haselnüsse, Erbsen, Getreidekörner, Unkrautsamen, Eicheln. Die Beeren verzehrt sie gleich. Sie fängt auch Käfer und Würmer.

Und da sie 30 bis 80 Zentimeter weite Sprünge machen kann, verliert sie auch vor einem kleinen Rinnsal nicht den Mut. Ein Satz und sie ist drüben mit ihrer Fracht und wird ein Versteck suchen.

Sie gräbt tiefe Baue in die Erde, hat ein Wohnzimmer und eine Vorratskammer. Zwar hält sie keinen Winterschlaf, aber sie ruht im Winter. Immer wieder einmal wacht sie auf, frißt etwas, und geht, wenn es draußen ein bißchen wärmer ist, auch ins Freie.

Das Waldmausweibchen ist eine ausgezeichnete, beherzte Mutter. Hier bringt sie ihre Kinder vor einer drohenden Gefahr in Sicherheit. Ist es sehr eilig, dann schleppt sie die Jungen, die sich an ihren Zitzen festhalten, alle auf einmal mit – eine große Leistung für die kleine Mutter.

Der Frühling ist da, nun kommen die Waldmäuse aus ihren Bauen und hüpfen übers Land auf der Suche nach Nahrung. Da sie außerdem gut klettern können, dehnen sie ihre Streifzüge auch auf junge Bäumchen aus. Auch in Ställe und Scheunen dringen sie ein, denn sie wissen, daß dort immer etwas zu finden ist, das schmeckt.

Die Wespe

Dieses gelb-schwarze, mit den Bienen verwandte Insekt ist nicht ungefährlich. Es ist reizbar, neugierig, hartnäckig und gehört seit Jahrtausenden zu jenen Geschöpfen, die mit dem Menschen unerwünschte »Tischgemeinschaft« pflegen und an seinen Erzeugnissen, vor allem den süßen, teilhaben wollen. Ihr wichtigstes Werkzeug ist der Stachel, den sie zur Verteidigung gebraucht. Mit Giftdrüsen verbunden, ist eine Pfeilspitze, die sich in die Haut bohrt und den Gestochenen brennend schmerzt. Dieser Stachel bleibt aber nicht, wie der der Biene, in der Haut des Menschen und warmblütiger Tiere stecken, sondern Wespen können viele Male von ihrem Stachel Gebrauch machen. Ihr Stachel hat keine Widerhaken, die wie beim Bienenstachel in der Haut hängen bleiben und so der Biene den Stachel- und Giftapparat herausreißen, woran die Biene stirbt. Die unermüdlichen Wespen sind richtige Facharbeiter geworden; Baumeister, Papierhersteller, Ausgraber und anderes. Zusammen mit den Bienen sind sie die besten Architekten unter den Insekten. Ihre Nester, je nach Art aus Papier oder Schlamm hergestellt, unterirdisch oder hängend, zeigen allerlei Formen: schalen- oder kuchenförmige, flaschen-, vasen-, trichter- oder zylinderförmige.

Weißt du,

daß Wespen eine durchschnittliche Fluggeschwindigkeit von 20 Kilometern in der Stunde schaffen können? Daß sie auch aus großer Entfernung den Rückweg nach Hause finden? Daß ihr Stich, wenn sie in den Mund gerät, lebensgefährlich ist?

Nahrung:

Insekten und Raupen

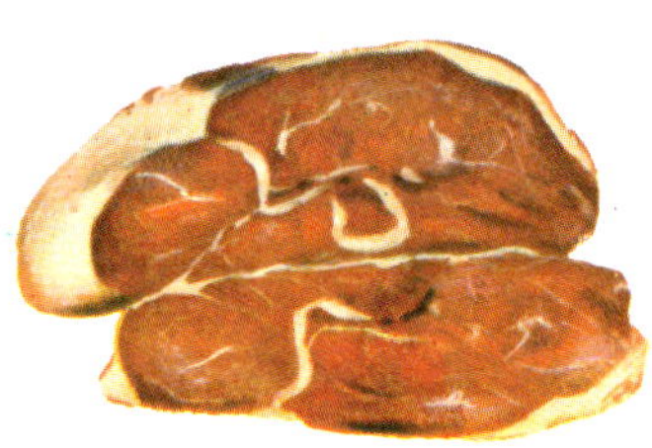

Fleisch

Obst

Mit in der Länge gefalteten Flügeln verbringt diese Feldwespe den Winter schläfrig in einem Mauerloch oder in einer Baumhöhle. Es ist eine Königin, die im nächsten Jahr Eier legen wird. Sie wird 2 cm lang.

Während die Feldwespen ein luftiges Nest in Form eines umgestülpten Trichters bauen und es an Äste, unter Dächern oder einen schützenden Felsen hängen, nisten andere Arten unter dem Boden, wo sie unterirdische »Städte« bauen.

Das Nest der Feldwespe besteht aus einer papierartigen Masse aus abgenagten Holzfasern mit Speichel vermischt. Der Bau geht von einem Weibchen aus, das seine Eier in die kleinen Zellen legt.

Hier hat sich eine Wespe mit weit gespreizten Beinchen auf der Wasserfläche niedergelassen und saugt das kühle Naß ein, entweder um es selbst zu trinken oder es zum Nest zu tragen und dort zu versprengen.

Die Feldwespe jagt, denn die Larven im Nest brauchen Insektenfleisch! Darum fängt sie Schmetterlinge und Fliegen, und bearbeitet die Beute, bis sie daraus Kügelchen geformt hat, die sie verfüttert.

Sollte die Feldwespe nicht genügend Nahrung für den hungrigen Nachwuchs finden, dann tötet sie einen Teil der Larven. Sie tut es nicht aus Bosheit – sie muß so handeln, weil es ihr Instinkt befiehlt.

Die Ameise

Hier ist eine winzige Ameise in Großaufnahme, eine von den unzähligen Tierchen, die in der Ameisenburg hausen. Das Leben der Bewohner verläuft nach strengen Gesetzen. Jeder hat bestimmte Aufgaben zu erfüllen: Die Arbeiterinnen – das sind die meisten – sammeln draußen das Lebensnotwendige für das Volk, kümmern sich um die »Königinnen«, die sich nur mit Eierlegen beschäftigen, pflegen und füttern die Brut, tragen sie in die Sonne und wieder hinein in die Burg. Auf dem Erdball leben über 5000 Arten, verschieden in Aussehen, Farbe und Größe, aber alle sind fleißig und halten strenge Ordnung ein. Obenan stehen die Königinnen. Sie halten Hochzeit, gründen den Staat, legen Eier, werden gut versorgt, aber sonst haben sie nichts zu sagen. Das Leben in der von vielen, vielen Gängen durchzogenen Tannennadel-Burg geht trotzdem seinen Gang. Etliche Arten nisten auf Bäumen, andere bauen sich hängende Nester aus Papier, das sie aus zerkauter Holzmasse herstellen. Es ließe sich noch viel erzählen von den Ameisen, aber das würde ein dickes Buch füllen.

Weißt du,

Daß die Ameisen durchschnittlich drei Stunden am Tag schlafen? Daß sie sich der »Fühlersprache« bedienen, um sich zu verständigen? Daß Arbeiterinnen bis zu 6 Jahre alt werden können? Und »Königinnen« sogar bis zu 20 Jahre? Daß die Ameise durchschnittlich 0,50—1 cm groß ist?

Nahrung:

Samen

Pflanzensäfte

zuckerhaltige Absonderung der Blattläuse

Insektenlarven

Junge Männchen und Weibchen verlassen das Nest, um Hochzeit zu machen und neue Kolonien zu gründen. – Die Arbeiterinnen bringen Nahrung für die Königinnen, die nur Eier zu legen haben. Diese werden von den Arbeiterinnen angehäuft und immer wieder geleckt.

Hier wird eine Königin versorgt und – gewaschen. – Aus den Eiern sind inzwischen Larven geworden – auch sie werden von den Ammen gefüttert und peinlich gepflegt.

Die Larven haben sich mit Hilfe der Arbeiterinnen in einen kleinen Kokon eingesponnen, sind »Puppen« geworden. Nach einiger Zeit schlüpfen junge, geflügelte Ameisen aus. Damit das Schlüpfen leichter geht, helfen ihnen ein paar Arbeiterinnen. Nun wird bald die Zeit des Schwarmflugs kommen, wie du auf dem ersten Bild sehen kannst.

Von den vielen Tausenden Ameisenarten haben wir hier eine unserer Waldameisen gezeigt. Wenn Angehörige zweier verschiedener »Burgen« einander in die Quere geraten, kommt es zu einem tödlichen Kampf.

So winzig eine Ameise ist, so stark ist sie auch und kann Lasten schleppen, die um vieles schwerer sind als sie. Notfalls teilt sie einigen Kameradinnen in der »Fühlersprache« mit: Ich brauche Hilfe!

Hier besucht eine Ameise die »Kuhherde« ihres Volkes: Blattläuse! So eine Blattlaus wird mit den Fühlern so lange gekitzelt, bis sie ein süßes Tröpfchen hergibt, das die Ameise gierig aufnimmt.

Die Kuh

Was wären wir ohne die Kuh! Wir hätten weder Milch noch Butter, noch Käse, müßten auf ihr nahrhaftes Fleisch, das starke Leder verzichten und in vielen Ländern auch auf ihre Kraft als Zugtier, das brav und stetig vor Pflug oder Leiterwagen geht. Sie ist eines der ältesten Haustiere und im allgemeinen sanft und zutraulich. Vom Stier kann man das nicht behaupten. Jede Kuhherde hat eine Leitkuh, die weder die Schönste noch die Größte zu sein braucht. Sie muß sich nur durchsetzen können, mit oder ohne Kampf. Sie führt die Herde. Da, wohin sie geht, folgen die anderen. Da aber niemand ewig herrschen kann, will früher oder später eine andere Leitkuh sein. Dann muß gekämpft werden. Die Besiegte reiht sich gedemütigt in die Herde ein und ist manchmal so vergrämt, daß ihr die Milch zurückgeht.

Weißt du,
daß die Kuh die aufgenommene Nahrung wiederkäut? Daß die Nahrung zuerst in den Pansen, darauf in den Netzmagen kommt, wieder ins Maul zurück gewürgt und noch einmal gekaut wird, und dann in den Blättermagen wandert und im Labmagen vollends verdaut wird? Daß die Kuh eine Schulterhöhe von 1,5 – 1,6 m erreicht?

Nahrung:

Klee

Hafer

Rüben

Auch Kühe waschen sich. Wo eine mit ihrer breiten, nassen Zunge nicht hingelangt, springt eine andere Kuh helfend ein und erwartet umgekehrt den gleichen Liebesdienst – und nicht vergeblich.

Kühe haben einen guten Appetit. Unbeirrt weiden sie das saftige Gras und brüllen dumpf, wenn sie in den Stall zurück sollen. Dann muß der Bauer auch brüllen und ein bißchen nachhelfen.

Rinder haben eine feine Nase, sie wittern das Wasser auf große Entfernungen. Wasser ist für sie wichtig, und will man ihnen eine besondere Freude machen, so gibt man ihnen ab und zu auch etwas Salz zu lecken – Viehsalz. Sie lieben es und brauchen es.

Jede Kuh nimmt innerhalb der Herde einen bestimmten Rang ein. Zuerst kommt die Leitkuh, sie hat immer den Vortritt: beim Weiden und an der Tränke. Sie geht auch als Erste durch das Gatter, und dann erst kommen in der Reihenfolge ihres Ranges die Herdengenossinnen.

Hier wird mit wuchtigen Hornstößen um die Herrschaft gekämpft. Wird die Neue besiegt, so muß sie sich auch mit allen übrigen messen, weil keine ihren Rang innerhalb der Herde aufgeben will.

Daß ein rotes Tuch den Stier wütend macht und zum Angriff reizt, wird immer wieder behauptet. Wahrscheinlich ist aber die Farbe nicht so ausschlaggebend, sondern die wedelnde Bewegung.

Die Hausgans

Auf breiten Schwimmfüßen einherschaukelnd, biegt die Hausgans um die Scheunenecke und guckt dich mit einem ihrer Augen von unten herauf an. Ihre Federn füllen unsere Kopfkissen, ihr Fleisch schmeckt als Weihnachtsbraten. Sie stammt von der wildlebenden Graugans ab, die wunderbar fliegen und schwimmen kann. Fliegen kann die Hausgans nicht mehr so gut, sie geht aber gern ins Wasser, wo sie weniger schwimmt als »gründelt«. Schwupp – kippt sie vornüber, so daß nur noch ihr Hinterteil in die Luft ragt, und holt sich Wasserpflanzen oder Wasserschnecken. Von einer »dummen« Gans zu sprechen ist dumm. Im Gegenteil, sie ist klug und weiß sich zu helfen. Außerdem sprechen Gänse die »Gänsesprache«: Sie können trompeten, schnattern, gurren und zornig zischen. Auch das »Gagagag«, hat je nach dem Ton verschiedene Bedeutungen. Vergessen wir nicht ihren Mut, ihre Anhänglichkeit an ihren Herrn und daß sie kräftig zubeißen kann. Übrigens: Der Gänsevater schwimmt oder geht immer am Schluß der Familie, als mutiger Beschützer der Seinen.

Weißt du,

daß die Hausgans eine Gesamtlänge von 80 bis 90 cm erreicht? Daß die Hausgans in Deutschland, im Gegensatz zu der hier abgebildeten italienischen Art, reinweiß ist und auch einen längeren Hals hat?

Nahrung:

Wirbellose Tiere

Das Gänseküken, das knapp nach dem Ausschlüpfen mit einem Menschen in Berührung kommt, wird ihn als seine Mutter betrachten, ihm ängstlich nachlaufen und sich nicht mehr abschütteln lassen.

Würde der Junge auf dem linken Bild das Küken zurückweisen und es zu seinen kleinen Geschwistern stecken, dann würde es lieber verhungern als seiner richtigen Gansmutter folgen.

Gänse haben wie alle Schwimmvögel eine Hautdrüse über dem Schwanz, der sie mit dem Schnabel ein Fett entnehmen und damit ihre Federn einfetten. Wäre dies nicht, dann würde das Gefieder naß und schwer werden und die Gans unter Wasser ziehen.

Im Winter legen sich die Gänse manchmal auf das Wasser hin, stecken den Kopf zwischen die Flügel und schlafen. Wenn es in der Nacht gefriert, werden die Schläfer vom Eis festgehalten. Das ist sehr schlimm.

Wie ihre wilden Verwandten taucht auch die Hausgans ab und zu, aber nur im seichten Wasser, wo sie auf dem Grund allerlei Schmackhaftes sucht und findet. Sie hat Schwimmhäute zwischen den Zehen.

Dieser Junge hat die Gänse geärgert. Wütend stürzen sie ihm rennend und flatternd nach. Sollten sie ihn erwischen, so werden sie zubeißen und dem Bürschchen so weh tun, daß ihm das Lachen vergehen dürfte.

Der Esel

Jemanden einen dummen Esel schimpfen, ist eine Beleidigung für den Esel! Er ist alles andere als dumm, der kleine graue Kerl, der so stramm auf seinen vier zierlichen Hufen steht. Er ist klüger als das Pferd, hat ein gutes Gedächtnis, sieht, riecht, hört vorzüglich und läßt sich selten aus der Ruhe bringen. In südlichen Ländern und im Orient schleppt er riesige Lasten. Mit Säcken und Körben beladen, womöglich auch noch mit einem Reiter, trippelt er sicher dahin. Und was seinen Charakter betrifft: Jeder Esel ist eine Persönlichkeit. Wird ihm Last oder Arbeit zuviel, dann »sagt« er: Schluß –, ich mag nicht mehr! und bleibt dabei. Ein kluger Herr wird dies einsehen und seinem langohrigen Gehilfen etwas weniger zumuten und bald wieder einen geduldigen, bescheidenen, unermüdlichen Esel haben, den jedermann lieb hat.

Weißt du,

daß es nicht nur graue oder rötliche Esel gibt, sondern daß ab und zu auch schneeweiße geboren werden? Daß ein Esel, wie das Pferd, nur sauberes Wasser trinkt? Daß das Fohlen eines Pferdehengstes und einer Eselstute Maulesel genannt wird? Und das eines Eselhengstes und einer Pferdestute Maultier? Daß die Schulterhöhe des Esels ca. 1,15 m beträgt?

Nahrung:

»Beladen wie ein Esel« – diese Redensart stimmt! Ein gut behandelter Esel liebt seinen Herrn und gibt alle seine Kräfte her.

In Nordafrika und anderswo sind Esel und Maultiere auch bei ungünstigen Lebensbedingungen die häufigsten und leistungsfähigsten Lasttiere. Auf schwierigen Gebirgspfaden trippeln sie, vorsichtig die kleinen Hufe aufsetzend, schwindelfrei ihren Weg.

Alle Geduld hat einmal ein Ende, und dann fährt auch ein Esel aus der Haut und schlägt kräftig nach hinten aus. Wer weiß, womit ihn der Bursche geärgert hat? Er saust ganz schön durch die Luft!

Der hat noch keine Lust! Der Mann braucht ihn aber, er schimpft, er droht, er zerrt, aber sein Esel stemmt die Beine ein und rührt sich nicht. Vielleicht ist er zehn Minuten später bereit?

Auch unser Langohr braucht zum Schutz seiner Hufe Eisen, die ihm der Hufschmied aufnagelt. Dieser interessanten Arbeit sollte man halt zusehen können!

Der Frühling ist da! »I-a, I-a!« schmettert es an unser Ohr, und hinterher kommen noch ein paar schnaubende Seufzer. Der Schreier ist ein brünstiger Eselhengst, der diese Tatsache lauthals verkündet.

Das Haushuhn

Wer war zuerst da, das Ei oder die Henne? Weil wir das nicht herausbekommen, sprechen wir lieber über unser Haushuhn. Hahn und Henne sind uns so bekannt, daß wir meinen, alles über sie zu wissen. Warten wir es ab! Wir sagen: Die Henne gackert, der Hahn kräht. Das ist gewiß richtig, aber »Gack-gack-gack-gaack« und »Kikeriki« ist noch lange nicht alles, was Henne und Hahn »sagen« können. Sie haben ungefähr dreißig Laute, mit denen sie rufen, etwas wünschen, sich ärgern, Angst haben, drohen, warnen usw. Mutter Bruthenne besonders bedient sich verschiedener Laute, um ihre Kleinen zum Futter zu rufen, zur Ruhe zu mahnen, Gefahr anzukündigen – und die Küchlein gehorchen. Von zwei kämpfenden Hähnen wird der Besiegte sogar wie eine Henne gakeln: Tu mir nichts mehr, ich bin doch eine Henne! – Auch bei den Hühnern herrschen die Starken, das fängt schon bei den Küken an. Wer schwach ist und nicht pariert, wird mit dem Schnabel gehackt und auf seinen Platz verwiesen.

Weißt du,

daß die Hühner im Herbst ihre Federn wechseln? Daß eine Henne durchschnittlich 200 Eier jährlich legt? Daß Eigelb und Eiweiß im Ei nie ineinanderlaufen können, weil jedes in einem durchsichtigen Häutchen wie in einem Luftballon steckt?

Nahrung:

Weizen- und Maiskörner

Würmer

Insekten

Auch beim Hühnervolk gibt es Rangstreitigkeiten, sie werden mit Schnabelhieben ausgetragen, bis die Stärkste, die Zweitstärkste, die Drittstärkste bis herunter zu den Schwachen, festgestellt ist. Der Hahn pickt alle, die nicht folgen, auch die stärkste Henne.

Bald nachdem die Küken aus dem Ei geschlüpft und trocken geworden sind, picken sie nach allem, was sie sehen, sogar nach den Augen anderer Küken, lernen aber bald, dies bleiben zu lassen. Das ausgewachsene Huhn ist 35 – 45 cm groß.

Sehr geschätzt wird das Staubbad. Die Hühner nehmen es öfters. Sie drehen sich flügelschlagend mehrmals um und pudern sich tüchtig ein, um das Ungeziefer loszuwerden, von dem sie geplagt werden.

Beim Anblick eines Greifvogels läßt die Glucke den Alarmruf ertönen, einen kurzen, gepreßten Laut, und alle ihre Küken suchen sofort Deckung. Erst wenn die Mutter »gluck, gluck« sagt, kommen sie wieder hervor und picken und laufen weiter.

Im Ei beginnt das Leben. Die harte Schale enthält alles, was das werdende Geschöpf braucht: Eiweiß und Eigelb als Nahrung, Luft zum Atmen und noch mehr. Am 12. Tag kann man die Gestalt des Kükens erkennen. Am 21. Brütetag durchstößt es die Schale: Ein Stückchen davon springt auf, im Ei dreht es sich, wieder fällt ein Stückchen Schale ab, und endlich erscheint ein Kopf, ein Hälschen, ein Bein und noch eines. Mit einem Male ist das Küken da: naß und wackelig steht es auf den Beinen. Bald wird es trocken sein, und wir haben ein gelbes Flaumbällchen vor uns.

Das Schaf

»Furchtsam wie ein Schaf«, lautet eine Redensart. Auf das Hausschaf, das in Herden mit Hirten und Hunden weidend durch das Land zieht, trifft sie zu. Dem Hausschaf ist nichts mehr geblieben vom Mut, von der Wachsamkeit und Gewandtheit der Wildschafe, die in kleineren Trupps durch Gebirge und Bergland ziehen. Seit der Mensch Schafe als Haustiere züchtet, ihre Wolle, ihr Fleisch und ihre Milch verwendet, sind sie unselbständig, ängstlich und schreckhaft geworden – reine Nutztiere mit einfachen Gewohnheiten. Sie weiden, ruhen, käuen wieder und ziehen, wohin Schäfer und Hund sie treiben. Trotzdem dürfen wir unser Hausschaf nicht verachten, es kann nichts dafür, daß es so geworden ist, so anspruchslos und mit allem zufrieden. Findet es gutes Gras, dann läßt es sich es freilich schmecken.

Weißt du,
daß das Schaf ein großer Freund von Salz ist? Daß es gutes Trinkwasser braucht? Daß die Milchmenge eines Jahres 20 Kilogramm Käse ergibt? Daß eine weidende Schafherde manche Brut der Bodenbrüter zertritt? Daß das Hausschaf 70–80 cm groß wird (Schulterhöhe)?

Nahrung:

Weidepflanzen

In vielen Herden gibt es einen Leithammel, der manchmal mit der Flasche aufgezogen wurde. Dieses mit den Menschen vertraute Tier ist mutiger und sicherer als die anderen, ihm folgen sie blindlings.

In der Herde herrschen die Weibchen, die untereinander durch das Verhältnis „Mutter–Sohn" verbunden sind, das heißt: Einem alten Schaf folgen die Tochter und deren Söhnchen. Die Widder dagegen leben in getrennten Gruppen.

Wie fast alle Männchen im Tierreich kämpfen auch die Widder um ihre Frauen. Sie senken die hörnerbewehrten Köpfe und rennen gegeneinander an, daß es nur so kracht, stundenlang. Zum Glück verletzen sie sich nicht ernstlich.

Ein heraufziehendes Unwetter versetzt die Schafe in große Angst und Aufregung. Sie laufen kopflos hin und her, wissen nicht, was tun, nicht wohin, und können, in Panik geraten, über Stock und Stein in ihr Unglück rennen.

Mit der Flasche aufgezogene Lämmer bleiben lieber bei ihrem menschlichen Pfleger und bei seinem Hund. Es dauert immer eine Weile, bis sie sich in die Herde bei den anderen Schafen wieder eingewöhnen.

Schafrassen werden »auf Fleisch« oder »auf Wolle« gezüchtet. Dies hier ist das aus Spanien stammende Merinoschaf – von vorne bis hinten, von oben bis unten nur Vlies.

Dies ist ein Fettschwanzschaf – eine Bezeichnung, die buchstäblich zutrifft. Die Fettmasse dieses Anhängsels ist unglaublich, aber in Hungerzeiten kann der Körper davon zehren. Seine Wolle ist minderwertig.

Das Pferd

Hast du schon einmal ein Gestüt besucht und die edlen Pferde auf den Koppeln gesehen: die Stuten mit ihren Fohlen, die Hengste? Tu es und schau sie dir an, wie sie weiden oder übermütig mit wehenden Mähnen und Schweifen dahinstieben, fast noch so wie ihre Ahnen, die Wildpferde. Gehorsam werden sie den Reiter auf Spazierritte und über die Rennbahn tragen. Noch bis vor wenigen Jahren haben sie den schweren Pflug durch den Ackerboden geschleppt und Fuhrwerke gezogen – treue, starke Diener, denen der Mensch den Dank oft schuldig blieb. – Pferde haben einen feinen Geruchsinn, ein scharfes Gehör und ein gutes Ortsgedächtnis. Leider – so findet der Mensch – haben sie einen Mangel: Sie scheuen leicht, sogar vor einem Papierfetzen, den der Wind herumwirbelt. Und doch ist dieses Verhalten ganz natürlich, weil sie als ehemalige Steppentiere ein weites Blickfeld gewohnt waren und erschrecken, wenn sich in ihrer Nähe plötzlich etwas bewegt.

Weißt du,

daß das Pferd, ehe es einen Menschen liebgewinnen kann, sich an dessen Geruch und Gestalt und an seine Stimme gewöhnen muß? Daß das Pferd zwar auch im Stehen schlafen kann, sich aber, um richtig zu ruhen, hinlegt? Daß kein Tier so oft gemalt, auf Denkmälern verewigt und von Dichtern besungen wurde wie das Pferd? Daß es eine Schulterhöhe von 1,6 m erreicht?

Nahrung:

Klee und Gräser

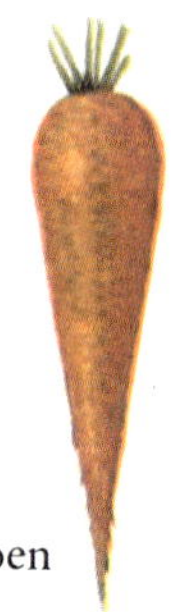

Mohrrüben

Gegenseitige Hilfe: so wehren sie sich im Sommer gegen die Bremsen, die sich in der Augengegend ansetzen. Zwei Pferde stellen sich Kopf an Schweif nebeneinander, und wie sie es dann machen, siehst du hier. Am Körper stechende Plagegeister wehren sie mit Hautzucken und Schweifschlagen ab.

Wie viele andere Tiere wälzen sich auch die Pferde in Sand und Gras, um sich von Plagegeistern zu befreien. Deshalb sorgen manche Züchter für »Sand-Badewannen«. Pferde wälzen sich aber auch aus lauter Wohlbehagen.

So geht es unter freilebenden Pferden zu, wenn zwei Hengste um die Stuten streiten. Da wird gebissen – und das nicht schlecht –, getreten, mit den Vorderhufen geschlagen, geschnaubt und gewiehert.

Als es noch Pferdewagen gab, engten Scheuklappen das Sichtfeld des Pferdes ein; sie sollten das gefürchtete Scheuen verhindern. Dagegen ist aber kein sicheres Mittel bekannt.

Der Däumling unter den Pferden ist das Zwerg-Pony eines englischen Züchters. Der struppige Wicht ist kaum 60 Zentimeter hoch; der bekannte, 65 bis 73 Zentimeter hohe Maremmaner Hirtenhund überragt es an Höhe.

Die Haustaube

Sie ist ein hübscher und zweifellos auch der häufigste Vogel in Straßen, Parkanlagen und auf Hausdächern. Immer auf der Nahrungssuche trippelt sie leicht und umsichtig einher mit einem Ausdruck in den Augen, von dem wir nicht wissen, ob wir ihn als schüchtern oder dreist bezeichnen sollen. So arg schüchtern ist sie nämlich nicht, und die »sanfte Taube«, die zum Symbol des Friedens geworden ist, ist gar nicht so friedlich. Wenn nicht gerade Paarungszeit ist, raufen sie nicht selten miteinander und sind auch nicht frei von Futterneid. – Sicher hast du schon von Brieftauben gehört, den Boten, die schon im Altertum wichtige Nachrichten beförderten und unfehlbar nach Hause fanden. Heute ist die Zucht und Haltung von Brieftauben ein reiner Sport, den viele Menschen mit Liebe pflegen.

Weißt du,

daß der Mensch im Lauf der Jahrhunderte, ja Jahrtausende mehr als 1000 Rassen gezüchtet hat? Daß die Tauben nicht wie andere Vögel das Wasser schöpfen, sondern richtig trinken, indem sie den Schnabel hineinstecken und es in einem Zug einsaugen? Daß auf dem Taubengefieder eine fetthaltige Puderschicht liegt, die vor dem Naßwerden schützt? Daß die Gesamtlänge der Taube 30 – 35 cm ist?

Der Tauber umwirbt ein Weibchen und zeigt sich von seiner besten Seite. Heftig nickend trippelt er ihm nach, gurrt laut und fächert sogar den Schwanz, um das Weibchen auf sich aufmerksam zu machen.

Haustauben wird man nur selten auf Bäumen sitzen sehen. Wenn sie nicht fliegen, halten sie sich auf dem Boden oder auf Dächern auf. Sie fliegen gut, und als gesellige Vögel gern im Schwarm.

Die Brieftaube findet über Strecken bis 1000 Kilometer wieder heim und schafft in einer Minute 1 Kilometer. Trotz Wind und Wetter, Jägerflinten und Greifvögeln fliegt sie unbeirrt ihren Weg.

Die Jungen sperren nicht wie andere Vögel den Schnabel auf, sondern stecken ihn in den Schnabel der Eltern; dort wird die Kropfmilch verabreicht, ein käseartiger Brei aus dem Kropf der Eltern.

Die Gefährtin eines Täuberichs ist verunglückt. Er kann nicht begreifen, warum sie sich nicht mehr rührt und versucht mit dem Schnabel, sie zum Aufstehen zu bewegen.

Durch zahllose und geduldig durchgeführte Kreuzungen haben die Züchter viele neue Taubenrassen geschaffen: diese ist eine Kropftaube. Sie kann den Kropf kugelförmig aufblähen.

Und diese mit ihrer Mönchskapuze? Das ist eine Perückentaube.

Die Bergeidechse

Das höchstens 16 Zentimeter lange harmlose Tierchen wird auch Waldeidechse genannt, weil sie gern an Waldrändern, auf Waldlichtungen lebt, aber auch auf Wiesen, in Sümpfen und an Moorrändern. Ja sogar in den Bergen fühlt sie sich in Höhen bis zu 3000 Meter wohl. Sie gehört zu den Kriechtieren. Das anmutige, schlanke Geschöpf steckt in einem trockenen Schuppenkleid. Es ist auf dem Rücken braun, und an den Seiten ist ein dunkles Band zu sehen. Das Männchen hat einen prächtigen orangegelben Bauch, beim Weibchen ist er blaßgelb oder grau. Ihre Schlupfwinkel sind Bodenrisse sowie Löcher und Spalten im Wurzelwerk der Bäume. Frühmorgens, solange noch der Tau auf den Gräsern liegt und die Sonne noch nicht heiß brennt, geht sie auf Nahrungssuche und fängt Insekten, Raupen, kleine Schnecken und Spinnen und sonnt sich dann. Wird es ihr zu warm, sucht sie ein schattiges Plätzchen auf. Aber erst vergewissert sie sich mit Auge, Gehör- und Geruchssinn, ob dort keine Gefahr lauert. Dabei hilft ihr auch ihre zweispitzige Zunge.

Weißt du,

daß sie auf lateinisch »die lebend Gebärende« heißt, weil sie die einzige Eidechse ist, deren Jungen sofort nach dem Legen der Eier ausschlüpfen. Daß sie zwar hört, aber stumm ist? Daß sie ein geschütztes Tier ist?

Nahrung:

Spinnen

Insekten und Raupen

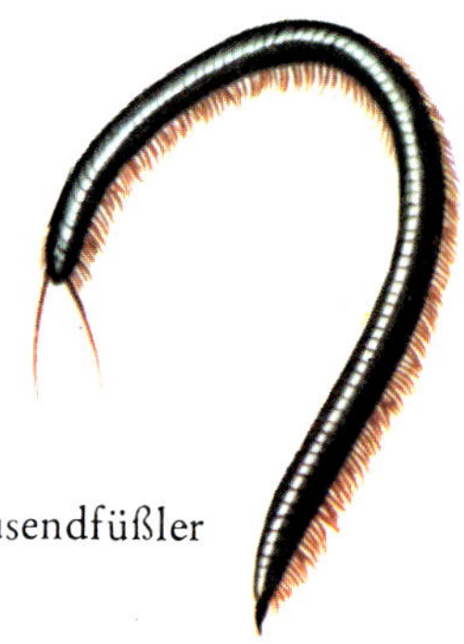

Tausendfüßler

Die Bergeidechse schwimmt und taucht gut und zögert nicht, ins Wasser zu flüchten, wenn Gefahr droht oder auch, um sich einen Schwimmkäfer zu holen.

Packst du eine Eidechse am Schwanz, so bricht er an einer bestimmten Stelle ab, und das Stück bewegt sich noch lange. – Dieser Greifvogel hat buchstäblich das Nachsehen, während die Eidechse davonläuft – ohne großen Schaden, denn ihr Schwanz wächst wieder nach, wenn auch kürzer.

Im Herbst verfallen die Eidechsen, oft in großen Gesellschaften, in eine Kältestarre, aus der sie erst im nächsten Frühjahr erwachen und ihr altes Leben wieder aufnehmen.

Die Eier öffnen sich sobald das Weibchen der Bergeidechse sie legt. Die schwärzlich-braunen Jungen können schon kurz nach dem Ausschlüpfen laufen und bald auch ihre Nahrung suchen.

Nach dem Futtern macht sich die Eidechse sorgfältig das Mäulchen sauber, indem sie es an Blättern abwischt, und dann löscht sie ihren Durst, indem sie von den Blättern die glitzernden Tautropfen leckt.

Der Truthahn

Vom Hausgeflügel sticht der Truthahn mit seinem metallisch glänzenden Gefieder aus schwarzen, mit weißen Streifen verzierten Federn und mit seinem von einer flammenden Warzenperücke gekrönten Kopf seltsam ab. Der Kopf ist nackt, der Hals ist nackt und lappig, da hängen Hautzipfel herum, dort sitzen Warzen, und alles ist rot. Außerdem ist er der Schwergewichtler im Hühnerhof. Seht mal, wie steif er einherstolziert zwischen all dem anderen Federvolk! Plötzlich bleibt er stehen, schüttelt sich, breitet die Flügel aus, richtet die Schwanzfedern auf, fächert sie und schlägt ein Rad wie ein Pfau, dann macht er »Glu-glu-glu«. Da haben wir's, es ist ein Hahn, der Eindruck machen will! Und jähzornig ist er auch! Paßt ihm etwas nicht, dann kollert und zischt er wütend.

Weißt du,
daß die Truthühner auf an sie gerichtete Rufe Antwort geben? Daß sie von den Indianern gejagt und gegessen wurden? Daß die Truthahnjagd in Amerika, wo sie noch wild leben, immer noch gepflegt wird? Daß der Truthahn 80—95 cm lang ist?

Nahrung:

Trauben

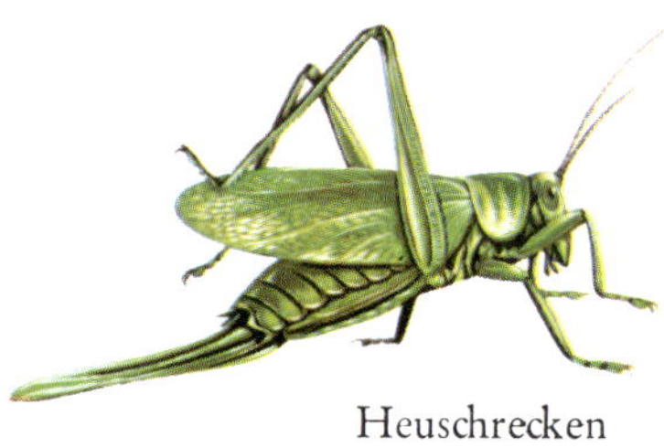

Heuschrecken

Salat

Samen

Von ihren wilden Artgenossen in Mittel-Amerika und dem Süden Nordamerikas, haben unsere Truthähne deren Gewohnheit, auf Bäumen zu schlafen, nicht ganz vergessen. Ab und zu tun sie es noch.

Ungestüm und wütend wie Indianer-Krieger liefern sich zwei Hähne einen erbitterten Kampf um die Truthennen, manchmal einen Kampf auf Leben und Tod, und es ist nicht leicht, sie zu trennen.

Die Truthenne ist eine gute Mutter und eine gute Amme! Denn sie nimmt auch Küken anderer Art in ihre Kinderschar auf, führt und bewacht sie so sorgsam wie ihre eigene zahlreiche Brut.

So sagt der Truthahn einer seiner Angebeteten: Ich liebe dich! Er schlägt ein prächtiges Rad, macht »Glu-glu-glu«, und schon laufen noch ein paar Hennen herzu, weil der Herr ihnen so gut gefällt.

Während ihrer täglichen Weidegänge in der Umgebung des großen Bauernhofs marschieren die Truthühner geordnet ihres Wegs und entdecken dabei mancherlei Gutes oder Unerwartetes wie hier ein harmloses Schlänglein. Noch wissen sie nichts Rechtes damit anzufangen – aber wie lange wird es beim Anstarren bleiben?

Das Hausschwein

Wie alle Haustiere ist es für den Menschen nützlich, sonst wäre es nicht zum Haustier geworden; und doch wird es belächelt. Für uns bedeutet es nur Braten, Schnitzel, Rippchen, Wurst und Speck. Im übrigen aber ist es »ein schmutziges Tier«, und so sagt man von einem unreinlichen Menschen, er sei ein »Schwein«. Dabei ist alles ganz anders! Schweine sind von Natur aus sauber und möchten es bleiben, wenn nur alle Schweinehalter sie nicht in dunklen, engen Ställen und Koben hielten, wo sie nicht anders können als sich im eigenen Unrat zu bewegen. Man lacht über ihre plumpe, dicke Gestalt, hält sie – sehr zu Unrecht – für beschränkt, für Geschöpfe, die nur fressen, grunzen und wühlen und dumm aus kleinen, bewimperten Augen gucken. Dabei sind sie so klug und gelehrig, daß ein Tierlehrer mit einer Gruppe auftreten und Kunststücke vorführen lassen konnte. Mit der Freßgier ist es auch nur halb so schlimm: von sich aus fräßen sie nur, was sie brauchen. Gönnt man ihnen jedoch weder Bewegung, noch Licht und frische Luft, schüttet Mastfutter in ihren Trog, dann fressen sie eben aus Langeweile und setzen Speck an. Weil wir es so haben wollen.

Weißt du,

daß ein Schwein, trotz seiner Dicke, beim Laufen eine beachtliche Geschwindigkeit entwickelt? Daß es während des Schlafes schnarcht? Daß ihm dank der dicken Fettschicht giftige Schlangenbisse nicht schaden?

Lieblingsnahrung:

Um sich abzukühlen legt es sich in Pfützen oder Schlammlöcher und fühlt sich wohl in seiner Suhle. Oft lassen sich Spatzen und andere Vögel auf ihm nieder und suchen nach Schmarotzern.

Am Geruch erkennt der Eber, ob das Weibchen paarungswillig ist. Die Jungen kommen nach ungefähr 112 Tagen auf die Welt, übrigens recht zahlreich.

Vom Hausschwein gibt es über 20 verschiedene Rassen, die sich nach Borstenkleid und Dicke unterscheiden. Dieses Dunkle da gehört zur »Polen-China«-Rasse. Die Strohhalme in seinem Maul trägt es in die trockenste, sauberste Stallecke, um das Nest dort auszupolstern. Das Schwein erreicht eine Schulterhöhe von 70 bis 80 cm.

Da sind sie, die rosigen Ferkel, vierzehn an der Zahl, eifrig beim Saugen. Ihre Mutter hat sich so hingelegt, daß die Hungrigen bequem an die Zitzen gelangen und Milch trinken können. Das tun sie mit Kopf- und Schulterstößen. Was tut's, wenn eines auf einem andern sitzt!

Schweine können auch schwimmen, vielleicht keine langen Strecken, aber man hat sie bei Hochwasser wacker kämpfen sehen. Allerdings ist ihnen flacheres Wasser lieber, und da gehen sie auch gern hinein.

Ein französischer Bauer mit seinem »Trüffelschwein«. Es ist abgerichtet, Trüffeln aufzuspüren. Das sind unter der Erde wachsende Pilze. Das Schwein mit seinem vorzüglichen Geruchssinn findet sofort heraus, wo etwas zu holen ist, und beginnt zu wühlen.

Die Maulwurfsgrille

Sie ist ein höchst sonderbares Insekt, das seinen Namen zu Recht trägt. Wie der Maulwurf lebt sie meist unter der Erde, wo sie geschickt wühlt und kreuz und quer Gänge gräbt. Ihre Vorderbeine sind zu kräftigen Grabschaufeln ausgebildet, die auch als Ruder dienen, denn sie kann auch schwimmen. Mit diesen Werkzeugen also gräbt die Maulwurfsgrille ihre Gänge, wo sie Nahrung und Behausung findet. Sie frißt alles, was sie erwischt: Insekten, Würmer, Larven und – Keimlinge und Wurzeln. Deshalb ist sie in Gärtnereien, Acker und Feld ein großer Schädling. Sie wird darum auch bekämpft. – Die Männchen können mit ihren Vorderflügeln Töne erzeugen – ein Trillern, das ein wenig heiser klingt.

Weißt du,
daß die Maulwurfsgrille sehr scheu ist und erst nach Sonnenuntergang herauskommt? Daß sie in mondlosen Nächten kurze Flüge macht? Daß sie ungefähr 6 Zentimeter groß ist?

Nahrung:

Rüben

Knollenfrüchte

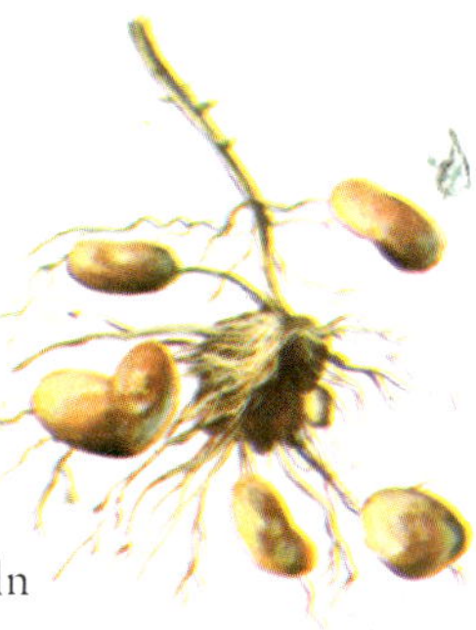

Wurzeln

Die Maulwurfsgrille bei der Arbeit. Bald tiefer, bald weniger tief, führt sie ihr unterirdisches Zerstörungswerk durch, frißt Keimlinge, Wurzelwerk und Blumenzwiebeln und verursacht großen Schaden.

Wie ein altes, plumpes Motorflugzeug vor 50 Jahren, das nur mühsam vom Boden wegkam, so surrt die Maulwurfsgrille dahin. Sie fliegt nur in dunklen, schwülen Nächten kurze Strecken.

Hier sieht man die 8–10 Zentimeter tief gelegene Kinderstube, eine längliche hohle Kammer, deren Wände sie zuvor sorgfältig geglättet hat. Dort legt das Weibchen 200 bis 300 Eier, die von ihm eine Zeitlang vor dem Männchen bewacht werden. Das ist die ganze Brutpflege

Der Vater ist nämlich alles andere als liebevoll. Es macht ihm gar nichts aus, seine Nachkommen aufzufressen – wenn er ihrer habhaft werden kann. Je nach dem Klima dauert es unterschiedlich lange, bis die Larven entwickelt sind.

Während ihrer nächtlichen Streifzüge stößt die Maulwurfsgrille vielleicht auf ein Rinnsal, das ihr den Weg versperrt – dann springt sie einfach hinein und schwimmt zur anderen Seite hinüber.

Der Todfeind der Maulwurfsgrille ist eine Schlupfwespe, die auch in ihre Behausung eindringt, die Grille mit einem Stich lähmt und dann ein Ei in deren Körper legt. Die Larve, die ausschlüpft, frißt ihre Wirtin langsam auf.

Die Saatkrähe

Ein 45 Zentimeter großer Vogel in glänzend blauviolettem, schillerndem Federfrack, mit langem Schnabel, der an der Wurzel nackt und grauhäutig ist – das ist die gewitzte, unternehmungslustige Saatkrähe. Du hast sie und ihre Kameraden sicher schon über die Felder fliegen sehen und ihr heiseres »Krahkrah« gehört. Ihr geht es wie manchen Menschen: Sie ist nicht gern allein, darum fliegt, schläft und brütet sie gern mit anderen Saatkrähen zusammen. Alle miteinander sind eine laute Gesellschaft. Leider ist der uralte Krieg gegen sie immer noch im Gange. Man schiebt ihr in die Schuhe, was andere Krähenarten an Schaden anrichten. Kurz und gut, alle Krähenarten wirft man in einen Topf. Das ist ungerecht. Gerade unsere Saatkrähe ist viel nützlicher als schädlich. Sieh nur, wie ihr abgebildeter Speisezettel aussieht! Da müßte noch mehr hinzukommen, zum Beispiel Drahtwürmer, die die Saat vernichten, und Raupen und Puppen des Kiefernspanners, eines gefürchteten Forstschädlings.

Weißt du,
daß man sie lehren kann, Münzen in ein Sparschwein zu werfen? Daß Männchen und Weibchen für immer beisammen bleiben? Daß das Weibchen 4–6 Eier legt?

Nahrung:

Nagetiere

Knochen

Käfer

kleine Reptilien

Von Menschenhand aufgezogen wird die Saatkrähe zu einem zahmen Vogelkameraden, mit dem man viel Spaß hat und ab und zu auch ein wenig Ärger. Warum, zeigt das unterste Bild genauer.

Saatkrähen nisten in Kolonien und nächtigen auf Bäumen, am liebsten dort, wo auch Felder sind. Gleich nach dem Pflügen kommen sie herbei und suchen zwischen den frisch aufgeworfenen Schollen nach Nahrung.

Im Winter nehmen sie – wenn es nicht zu kalt ist – gern ein Schneebad, das reinigt ihr Gefieder. Bei klirrender Kälte aber müssen sie sich plagen, bis sie unter dem Schnee etwas Nahrung finden.

Wie andere Krähenvögel sammelt auch sie Vorräte und versteckt sie. Diese hier hat für die gefundenen Nüsse einen Kuhfladen ausgesucht. Ja, es gibt doch recht Seltsames bei Tieren und Vögeln.

Wie alle Rabenvögel, zu denen sie gehört, kann sie Töne und Laute nachahmen, man soll sie sogar ein bißchen singen lehren können, selbstverständlich etwas Einfaches, und besonders rein dürfte der Gesang nicht klingen.

Im Garten macht sie reinen Tisch mit den Raupen, die die Pflanzen fressen, und im Haus mit Spinnen und Küchenabfällen. Wie die Elster hat auch die Saatkrähe die Neigung, alles Auffallende und Glänzende zu schnappen und in ein Versteck zu tragen.